José Joaquín Fernández de Lizardi

La tragedia
del padre Arenas

Edición de Héctor Azar

Créditos

Título original: La tragedia del padre Arenas.

© 2024, Red ediciones S.L.

e-mail: info@linkgua.com

Diseño de cubierta: Michel Mallard.

ISBN rústica: 978-84-96428-75-1.
ISBN ebook: 978-84-9897-859-9.

Cualquier forma de reproducción, distribución, comunicación pública o transformación de esta obra solo puede ser realizada con la autorización de sus titulares, salvo excepción prevista por la ley. Diríjase a CEDRO (Centro Español de Derechos Reprográficos, www.cedro.org) si necesita fotocopiar, escanear o hacer copias digitales de algún fragmento de esta obra.

Sumario

Créditos _____ **4**

Brevísima presentación _____ **7**
   La vida _____ 7

La tragedia del padre Arenas _____ **9**
   Personajes _____ 10
   Acto I _____ 11
   Acto II _____ 17
   Acto III _____ 23
   Acto IV _____ 33

Libros a la carta _____ **47**

Brevísima presentación

La vida
Fernández de Lizardi, José Joaquín (1776-1827). México.
Hijo de Manuel Fernández de Lizardi y Bárbara Gutiérrez. Nació en la Ciudad de México.
En 1793 ingresó en el Colegio de San Ildefonso, fue bachiller y luego estudió teología, aunque interrumpió sus estudios tras la muerte de su padre.
Hacia 1805 escribió en el periódico el *Diario de México*. En 1812, tras las reformas promulgadas por la Constitución de Cádiz, Fernández de Lizardi fundó el periódico *El Pensador Mexicano*, nombre que usó como seudónimo.
Entre 1815 y 1816, publicó dos nuevos periódicos: *Alacena de frioleras* y el *Cajoncito de la alacena*.
En mayo de 1820, se restableció en México el gobierno constitucional y, con la libertad de imprenta, fueron abolidas la Inquisición y la Junta de Censura. Entonces Fernández de Lizardi fundó el periódico *El conductor eléctrico*, a favor de los ideales constitucionales; y apenas unos años después, en 1823, editó otro periódico, *El hermano del Perico*.
Su último proyecto periodístico fue el *Correo Semanario de México*.
Murió de tuberculosis en 1827 y fue enterrado en el cementerio de la iglesia de San Lázaro.

La tragedia del padre Arenas

Personajes

El Comisionado Regio
La Intriga, dama.
La Traición, dama.
La Hipocresía, vestida de beato.
El Interés
El Fanatismo
El padre Arenas
Varios clérigos, frailes y paisanos

Acto I

Salón corto, y en él el Comisionado, Arenas y los demás.

Fraile	Sea vuecencia bienvenido
	a este reino insolentado.
Comisionado	Con solo haber yo llegado,
	presto lo veréis rendido.
Fraile	La gente del septentrión 5
	siempre a su rey dócil fue.
Comisionado	Eso ya yo bien lo sé.
	Esta fatal rebelión
	obra es de cuatro tunantes,
	que revestidos de egoísmo, 10
	afectando patriotismo,
	se han declarado aspirantes.
Fraile	¡Con qué acierto habla vuecencia!
Otro	Y con más se profiriera
	si, por dicha, aquí estuviera 15
	en toda la independencia.
Comisionado	Sin haber estado aquí
	de todo estoy informado,
	porque exacta cuenta han dado
	desde México a Madrid 20
	nuestros más fieles amigos,
	no solo de lo que hicieron,
	sino aun de lo que dijeron
	nuestros viles enemigos.

	Pero como a mi honor toca	25
	no proceder de ligero,	
	recibir informes quiero	
	y que sean de vuestra boca.	
	Un pueblo que a ser empieza	
	libre, siempre es entusiasta,	30
	y este entusiasmo nos basta	
	para malograr la empresa.	
Fraile	No dé a vuecencia cuidado	
	lo que ese axioma publica,	
	pues aquí se falsifica.	35
	No estando civilizado	
	bastante el pueblo, su empeño	
	para hacerse independientes	
	como cosa de insurgentes	
	siempre parará en un sueño.	40
Comisionado	O no, que están constituidos	
	con sagacidad y maña.	
Fraile	Pero a las leyes de España	
	están siempre sometidos.	
Comisionado	Eso prueba discreción,	45
	pues siendo buenas las leyes,	
	¿qué importa las den los reyes	
	o las haga una nación?	
Fraile	Señor, discreción sería	
	si supieran distinguir	50
	las que pueden convenir	
	a su país o a monarquía;	
	mas ellos han admitido	

	leyes nuestras, que en verdad	
	era de necesidad	55
	las hubieran abolido.	
Comisionado	¿Conque podemos obrar?	
Fraile	Señor, nada hay que temer.	
	Saben bien obedecer	
	pero no saben mandar.	60
Comisionado	No obstante eso, mis amigos,	
	por seis años han mandado.	
Fraile	Y en este tiempo han logrado	
	aumentar sus enemigos.	
	Por no tener energía	65
	ni valor de castigarlos,	
	con solo disimularlos	
	aumentan más su osadía.	
Comisionado	¿De qué enemigos habláis?	
Fraile	Señor, de los gachupines,	70
	de algunos criollos bien ruines	
	y de éstos que aquí miráis.	
Comisionado	¿Pues qué es su enemigo el clero?	
Fraile	En su mayor parte no;	
	pero piensan como yo	75
	no pocos.	
Comisionado	Muy bien infiero	
	que es muy noble la elección	

	de frailes en esta tierra	
	para que enciendan la guerra	
	por causa de religión.	80
Fraile	Vuecencia dispensará	
	que éste es cargo de nosotros.	
Comisionado	Fío mucho de vosotros	
	para la empresa. Mas ya	
	me ocurre que la opinión	85
	es contra todo español.	
Fraile	Somos los hijos del Sol	
	y nos defiende la Unión.	
	Esa tercer garantía	
	que nos dejara Iturbide	90
	es la muralla que impide	
	de los criollos la osadía.	
Comisionado	Pues con toda esa esperanza,	
	aseguro en conclusión	
	que es mejor la precaución,	95
	que no la vana confianza.	
	Ésta solo la tendré	
	fundada en vuestra lealtad,	
	valor y fidelidad,	
	discreción y buena fe.	100
	Y pues para nuestro intento	
	nada nos resta que hacer,	
	bien podemos proceder	
	a prestar el juramento.	
	Sobre la cruz de mi espada	105
	juro defender la ley	
	de Dios y volver al rey	

	esta tierra infortunada.

Todos	Con lo que Fernando manda	
	juramos todos cumplir	110
	vencer, señor, o morir	
	gloriosos en la demanda.	

Hacen salva con las manos, se abrazan todos y se da fin al acto.

Acto II

El mismo salón. El Comisionado, sentado en silla de terciopelo con bufete delante, y la comitiva en taburetes.

Comisionado Ya que hemos jurado,
iamados compañeros!,
ser fieles al monarca
mejor que conocieron
las pasadas edades 5
y los presentes tiempos;
ya que todos estamos
ciertamente resueltos
a vengar los agravios
que estos criollos perversos, 10
rebeldes y traidores
a su corona hicieron,
separándose infieles
de su yugo paterno;
y ya que decididos 15
con sacro juramento
estamos a morir
o sus reales derechos
sostener, y que vuelvan
estos rebeldes reinos 20
a recibir el yugo
del borbónico imperio,
es preciso os presente
el plan o reglamento
que debe conducirnos 25
en este grande empeño,
para que si advirtiereis
que contiene algún yerro,
lo notéis, pues que solo

	se consulta el acierto.	30
	¿Os parece?	
Fraile	Señor,	
	cuando os reconocemos	
	nuestro muy digno jefe,	
	comisionado regio,	35
	en quien Fernando el Grande	
	sus confianzas ha puesto,	
	decir solo nos toca	
	que los vuestros preceptos	
	serán obedecidos,	40
	desde luego, al momento	
	que se nos comuniquen,	
	sin excusa o pretexto	
	que entorpecer pudiere	
	su puntual cumplimiento;	45
	y así solo deseamos	
	oír el plan propuesto,	
	para admirar en él	
	vuestros grandes talentos	
	y ponerlo por obra,	50
	que es todo nuestro anhelo.	
Comisionado	De vuestra conocida	
	lealtad y amor sincero	
	que tenéis al monarca,	
	no esperaba yo menos.	55
	A su nombre y al mío	
	daros las gracias debo	
	por vuestra deferencia	
	a sus reales preceptos,	
	esperando que llegue	60
	el muy deseado tiempo	

en que vuestras virtudes,
heroicidad y esfuerzo
os hagan acreedores
a los más dignos premios,   65
que os están prevenidos
por el monarca ibero.
El plan es el que sigue;
escuchad con silencio
pues ya comienzo a leer.   70
«Artículo primero.
La religión cristiana
en todos estos reinos
será reconocida
en su esplendor ileso,   75
como era el año de 8,
poniendo el justiciero
tribunal de la fe
para que haga escarmientos
de herejes, de masones,   80
publicistas perversos
que la soberanía
atribuyen al pueblo.»
«Artículo segundo.
Declarar que este reino   85
es propiedad y herencia
del monarca supremo
de España, por lo cual
deberá su gobierno
reinstalarse, conforme   90
está el que allá tenemos
que es el más acertado.»
«Artículo tercero.
Nombrarán los obispos
y los cabildos mesmos   95

una nueva regencia
que gobierne estos pueblos
a nombre del monarca
hasta su real decreto.»
«Cuarto. Dar pasaporte 100
a cuantos extranjeros
no hayan manifestado
adhesión y respeto
al señor de ambos mundos,
a Fernando el supremo, 105
entrando en esta cuenta,
por razón de extranjeros,
aun los mismos ministros
de diferentes reinos.»
El artículo quinto 110
es en provecho vuestro.
«A los capitulados
vuélvanse los empleos,
los destinos y grados
que antes obtuvieron, 115
que restituir es justo.»
El artículo sexto
dice: «Los oficiales
que leales y discretos
se adhieran este plan, 120
obtendrán desde luego
los destinos y honores,
preeminencias y empleos
que en el año de 20
tenían, en justo premio 125
de su servicio al rey...».
¿Qué decís, compañeros?
¿Aprobáis, pues, el plan?

Fraile	Es muy justo, ligero	
	y católico... en fin,	130
	obra de un gran talento;	
	lo que se falta es que ponga	
	desde luego en efecto.	
Comisionado	¿Juráis, pues, todos juntos	
	fielmente obedecerlo?	135
Todos	Sí juramos. No quede	
	vivo el traidor protervo	
	que lo desobedezca	
	ahora ni en ningún tiempo.	
	Esto juramos todos	140
	sin mentira ni miedo,	
	y si quiere vuecencia	
	también lo firmaremos	
	con cuanta sangre anima	
	nuestros valientes cuerpos.	145
Comisionado	¡Españoles al fin!	
	Así me lo prometo	
	de vuestra bizarría	
	y muy noble ardimiento.	
	Daros gracias quisiera	150
	en brillante dialecto	
	por tanta heroicidad.	
	Ya la victoria cuento	
	con tan leales soldados	
	y valientes guerreros;	155
	pero pues que no es dado	
	a mis cortos talentos	
	elogiar dignamente	
	vuestro valor, os ruego	

        mi gratitud admitan   160
        en un pequeño obsequio.

(Toca una campanilla y los criados sacan una mesa decente, en la que se pone un buen refresco. Se levantan todos y brindan por el rey de España, por la santidad de León XII y sus memorables encíclicas, por la reconquista de este reino, por la de Colombia, Chile, Buenos Aires y Guatemala, y aun hubo quienes brindaron por el coronel Iturbide, Plan de Iguala y tercera garantía, y otros por la vana confianza, miramientos y disposiciones del gobierno actual. Pasados los brindis, se concluyó el acto II.)

Acto III

El mismo salón y los mismos actores.

Comisionado   Ilustres compañeros,
                hijos de Marte, impávidos guerreros
                a quienes los Ulises, los Alcides,
                los Pelayos, los Cides,
                Pompeyos y Scipiones   5
                reconocen cual leones
                de valor tan profundo,
                que a su rugido solo tiembla el mundo
                ya se acerca el instante
                de llevar nuestros planes adelante,   10
                para lo cual es justo
                comisionaros; pero vuestro gusto,
                vuestra elección, inclinación y ciencia
                yo quiero consultar, pues la experiencia
                a cada cual advierte   15
                para qué es útil, para qué es inerte;
                y así cada uno diga
                qué es lo que puede hacer y a qué se obliga.

Fraile   Todos obedecemos,
                mas primero queremos   20
                que hablen las damas.

Comisionado   Yo también lo quiero;
                tal querer es deber de caballero.
                Señora doña Intriga, dama hermosa,
                ¿vos qué podéis decir?   25

Intriga   Yo, poca cosa.
                Introducirme en las secretarías

y hacer con disimulo de las mías.
Revolver los ministros y oficiales;
hacer que unos de otros sean rivales; 30
que crean son provechosas
providencias que dicten ominosas,
como la desmembranza,
de las tropas que hoy son de su confianza;
de México sacarlas con pretextos 35
que juzguen por muy justos, muy honestos,
para que así, dispersas
por mil partes diversas,
no puedan auxiliarse
y el enemigo pueda aprovecharse 40
de la tal división. También intento
no perder un momento
para que se asegure, y sin demora
el estado mayor...

Comisionado   Basta, señora; 45
sois útil, en efecto;
con solo realizar ese proyecto
tenemos lo bastante
para llevar los planes adelante;
porque el choque inminente 50
del estado mayor y el presidente
que habrá... ¡verdad notoria!,
pondrá en vuestras manos la victoria.
¿Vos qué podéis hacer?

Traición   ¿Yo? Que inhumanos 55
muchos americanos
que tienen de chaquetas mil resabios,
o recordando agravios,
o ya con ambición muy importuna,

	creyendo hacer fortuna	60
	en esta nueva guerra,	
	contra su misma tierra	
	con traición denonada	
	encaren el fusil, tiren la espada	
	y la sangre derramen inhumanos	65
	de sus padres, amigos y paisanos.	

Comisionado   Su fortuna se labra
              la Traición si nos cumple su palabra.
              Y vos, señora beata,
              ¿a qué os comprometéis?   70

Hipocrecía   ¿Yo?, ¡patarata!,
              a andar con mi rosario y con mis novenas
              en las casas ajenas
              a todos inquietando,
              y gruñendo y rezando   75
              salmos y letanías
              haré que aprendan bien las mañas mías.
              En fin, soy muy humilde y no me agrada
              alabarme a mí propia para nada.
              Que llegue la hora, sí, no me rebajo,   80
              y vuecencia verá que tal trabajo.

Comisionado   En la guerra, hija mía,
              poco tendrá que hacer la Hipocresía.
              ¿Y vos qué haréis, amigo y compañero?

Interés   ¿Contamos con dinero?   85

Comisionado   Sí, señor Interés, con él contamos.

Interés   Pues nuestros planes ya los realizamos.

Yo me introduciré con mucho tiento
con miles de onzas de oro al campamento
de nuestros enemigos, 90
y en un decir Jesús, nuestros amigos
volveré a muchos jefes y oficiales,
siquiera los viciosos más fatales
que al oro sacrifican sin violencia
su honor, su bienestar y su existencia; 95
que por lo que respecta a los soldados,
yo os daré reclutados
cincuenta o ciento diarios.

Comisionado   ¿Cómo es eso?

Interés   Ofreciéndole un peso 100
de *prest* a todo aquel que se deserte
y que venga a buscar...

Comisionado   Será su muerte
pues un traidor merece
morir a manos del que favorece; 105
y vos, fray Fanatismo reverendo,
¿qué de cosas haréis?

Fanatismo   Soy estupendo.
Haré mil maravillas auxiliado
de tanto fraile honrado, 110
que predicarán listos
con sables, con pistolas y con cristos
a la gente vulgar y a la canalla,
que está el cielo irritado
con ellos por haberse separado 115
de nuestra madre España,
seducidos con maña

por los independientes,
perjuros, revoltosos, disidentes,
herejes, desalmados, 120
francmasones, judíos, excomulgados
infames y traidores
dignos de los rigores
del español gobierno
y, después, de las penas del infierno. 125
Predicarán también con grito fuerte
que si la temporal y eterna muerte
que tienen merecida
quisieran evitar, muden de vida,
por siempre abandonando 130
las ideas liberales, y a Fernando
reconociendo rey y sin segundo
señor de España y deste Nuevo Mundo.
Predíquenles también a grito herido
que los han seducido, 135
que los han engañado,
que esos que llaman héroes, ahora y antes
han sido unos herejes, protestantes,
dignos de mil hogueras
o de morir a manos de las fieras. 140
Que la soberanía
es peculiar del rey; que es herejía,
condenada por mil Inquisiciones,
el decir que reside en las naciones.
Que si por el Señor reinan los reyes, 145
es claro que sus leyes
deben obedecerse ciegamente
por cualesquiera gente
que precie de cristiana
católica y romana, 150
y hacer quisiera vida meritoria

para agradar a Dios e irse a la gloria.
Y vos, ¡oh, confesores!,
de los predicadores
secundaréis al punto esa doctrina 155
tan segura, tan suave y tan divina,
haciendo ver a vuestros penitentes
que los independientes
son herejes, masones y demonios;
y esto con testimonios 160
de la santa escritura
lo probaréis por cosa muy segura,
y que están obligados en conciencia
a denunciar cualquier ocurrencia
en donde se hable contra gachupines; 165
lo que les probaréis con mil latines,
haciendo que denuncien conocidos,
hijos, hermanos, padres y maridos
al superior gobierno,
si quieren escaparse del infierno. 170
Todo esto se ha de hacer con modo y arte;
pero, por otra parte,
do no bastare persuasión y ruego,
entrad a sangre y fuego,
en el nombre de Dios crucificado, 175
esas malditas gentes;
entrad, digo otra vez, frailes valientes;
pillad, quemad, talad campiñas, casas;
dejadlo todo reducido a brasas,
después de asesinar como cristianos 180
hombres, mujeres, niños y aun ancianos,
y de este modo, al fin de la victoria
os haréis acreedores a la gloria.

Comisionado   Con placer he escuchado

	vuestro sermón, mi padre, y me ha agradado,	
	pues con él considero	185
	logrados nuestros planes por entero;	
	mas es preciso que circulen pronto.	
	Un sujeto no tonto,	
	valiente, de carácter, animoso,	
	resuelto y malicioso,	190
	para empresa tan alta	
	es solamente aquí lo que me falta.	
Fraile	Pues quien puede reunir prendas tan buenas	
	es nuestro hermano fray Joaquín Arenas.	
Arenas	Servidor de vuecencia.	195
Comisionado	Déme los brazos vuestra reverencia.	
	Yo de usted me prometo	
	que con juicio y secreto,	
	arte, sagacidad, industria y maña	
	hará el negocio de la madre España,	200
	con disimulo la opinión sembrando	
	y prosélitos buenos resultando.	
Arenas	Descanse vuecencia sin cuidado,	
	que pues del padre Arenas se ha confiado,	
	todo estará concluido	205
	y muy pronto, señor.	
Comisionado	Id entendido	
	que en casos semejantes	
	es menester ser cautos, vigilantes	
	y estudiar de los hombres las miradas.	210
Arenas	Son para mí lecciones olvidadas	

	las que vuecencia se ha servido darme.	
	Yo sé bien conducirme y sé portarme.	
	A los americanos	
	los conozco, señor, como a mis manos.	215
	Son débiles, cobardes, ignorantes;	
	con dos o tres gigantes	
	que les sepan pintar, vuelven casaca	
	y dejan sus promesas en la estaca.	
	Verá vuecencia, sí, qué de oficiales,	220
	comerciantes, empleados, generales	
	no le presento...	
Comisionado	¿Y cuándo?	
Arenas	Eso según los fuere resultando.	
Comisionado	Pero es mucho ofrecer.	225
Arenas	Antes es poco;	
	aún más me atrevo a hacer, no soy motroco,	
	pues si se pica más mi vanagloria,	
	he de traer a Guerrero y a Victoria.	
Comisionado	No, no se empeñe tanto, camarada,	230
	y vayamos a hacer una frailada.	
Arenas	A ver, señor, los planes, que ya es tarde	
	y quiero hacer de mi valor alarde.	
Comisionado	Aquí los tiene vuestra reverencia;	
	con ellos vaya Dios.	235
Arenas	Y con vuecencia	
	quede también, y duerma sin cuidado,	

	que el tiempo le dirá de quién se ha fiado.	

(Se va.)

Comisionado	Todo está ya concluido, caballeros; id, pues, a trabajar.	240
Fraile	Nuestros esmeros pondremos en campaña, y antes también.	
Comisionado	Digamos viva España, viva la religión, viva Fernando y muera esta república rabiando.	245

(Palmoteos y se da fin al acto.)

Acto IV

(La misma sala: en ella el Comisionado registrando papeles.)

Comisionado	Estos planes son seguros;
	la cosa puede lograrse,
	y más si pueden juntarse
	cuatro millones de duros.
	Tiemblen nuestros enemigos, 5
	porque con estos millones,
	mis buenas disposiciones
	y el favor de mis amigos...

(Sale un Criado precipitado.)

Criado	Escapad, Comisionado.
Comisionado	¡Cómo! ¿Pues qué ha sucedido? 10
Criado	Que el fraile nos ha vendido
	y el diablo nos ha llevado.
Comisionado	¿Cómo así?
Criado	No hay cómo así.
	Ya fray Joaquín está preso 15
	y a usted le hiede el pescuezo
	a cáñamo como a mí.
Comisionado	¿Qué es eso? ¿Qué estás diciendo,
	hombre, que me vuelves loco?
Criado	Con razón; no lo estoy poco 20
	y más que me iré poniendo.

Comisionado	Cuéntame, pues, el pasaje
con sencillez, cómo fue.	
Criado	Sí, señor, pues oiga usted
y muérase de coraje.
Salió el padre muy garboso,
valiente y precipitado,
muy firme, muy denodado
y resueltamente brioso;
cargó con el plan fatal
derecho a casa de Mora... | 25

30 |
| Comisionado | ¿Y quién es esa señora? | |
| Criado | El capitán general. | |
| Comisionado | ¿Y qué el fraile al comandante
de armas el plan le llevó? | 35 |
| Criado | Al mismo. | |
| Comisionado | ¿Y qué sucedió? | |
| Criado | Nada: le echaron el guante,
y para que no se vaya
con industrias ni con tretas,
le han puesto un par de calcetas,
pues, de la mera Vizcaya. | 40 |
| Comisionado | ¡Jesús! Hombre, esto está malo;
y al fin; ¿en qué parará
fray Joaquín? | 45 |
| Criado | Nada, en que irá | |

	con palma y corona al palo.	
Comisionado	¿Cómo con palma y corona? ¿Pues qué, es mártir?	
Criado	Qué sé yo; pero así se los espetó al señor Mora en persona.	50
Comisionado	¡Qué fraile! ¡Qué inadvertencia! A todos nos ha perdido. ¡Quién le hubiera conocido!	55
Criado	¡Mal haya su reverencia!	

(Entran de tropel todos los demás conspirantes.)

Fraile	Señor.	
Comisionado	Nada me digáis, porque ya todo lo sé.	
Fraile	No todo.	60
Comisionado	¿Pues cómo?, ¿qué?	
Fraile	Es preciso que me oigáis.	
Comisionado	¿El fraile me ha descubierto?	
Fraile	Solo el nombre.	
Comisionado	¡Qué ligero! Si supiera el verdadero	65

	lo hubiera dicho por cierto.	
	¡Qué fraile tan condenado!	
Fraile	Endemoniado, señor;	
	no lo hubiera hecho peor	70
	si se le hubiera pagado.	
Comisionado	¿En qué estado está el proceso?	
Fraile	En el grado más fatal,	
	porque ha pedido el fiscal...	
Comisionado	¿Qué cosa?	75
Fraile	Solo el pescuezo.	
Comisionado	Aunque el pedimento aterra,	
	como el juicio es militar	
	bien lo puede reformar...	
Fraile	¿Quién?	80
Comisionado	El consejo de guerra.	
Fraile	Es muy vana, si se advierte,	
	la esperanza de vuecencia,	
	pues todos a competencia	
	lo sentenciaron a muerte.	85
Criado	Son unos tales y cuales	
	los que sentencian a un santo.	
Comisionado	Calla, yo hiciera otro tanto	
	si afianzara a los vocales.	

(Ruido de tiros, y entra azorado un hombre.)

Hombre	¡Jesús me valga en mis penas! ¿Qué es lo que pasa por mí?	90
Comisionado	¿Qué te ha sucedido, di?	
Hombre	Que fusilaron a Arenas.	
Comisionado	¿Cómo, hombre?	
Hombre	Muy fácilmente. Los soldados lo llevaron, por la espalda le apuntaron, ¡trum!, y cayó de repente.	100
Comisionado	¿Y hay más presos?	
Hombre	Un montón, y tal vez otros caerán.	105
Comisionado	No son todos los que están, ni están todos los que son.	
Criado	¡Qué desgracia!	
Otro	¡Qué sorpresa!	110
Comisionado	Que es desgracia considero; mas de ella sacar espero ventajas para la empresa, pues si un fraile se ha perdido por ligero e imprudente,	115

	ya obrarán más cautamente	
	los que le han sobrevivido.	
Fraile	Si en solo el fraile parara...	
Comisionado	Aunque mueran veinte o treinta	
	cuando les hagamos cuenta,	120
	nos la pagarán bien cara.	
	Ahora es menester constancia;	
	sagacidad, no furor;	
	juicio, prudencia, valor,	
	disimulo y vigilancia.	125
	El gobierno envanecido	
	con el triunfo dormirá;	
	sí, dormirá, si es que ya	
	a esta hora no está dormido.	
	Cuando a un fraile ha fusilado	130
	y tiene otros pocos presos,	
	dirá que ha hecho mil excesos	
	de rigor y asegurado;	
	creerá todo el septentrión	
	a nosotros confundidos,	135
	medrosos y disuadidos	
	de seguir la rebelión	
	si en esta muerte, en efecto,	
	se apoyare su confianza,	
	yo no pierdo la esperanza	140
	de realizar el proyecto	
	de la heroica reconquista	
	de este vasto continente.	
	Morirá todo insurgente;	
	sí, morirá a letra vista,	145
	con tal que haya orden y modo	
	francos con los enemigos,	

fingiéndonos sus amigos
y observándolos en todo.
La intriga y el fanatismo, 150
los frailes y el interés
trabajarán a la vez,
y, trabajaré yo mismo.
Es nuestro primer deber
confianza inspirarles mucha, 155
y así a la hora de la lucha
no se podrán defender.
El dividir la opinión
es un bello pensamiento,
y para tan noble intento 160
que sirva la religión.
Para esto es muy necesario
que los nuestros de ambos cleros
aprovechen con esmeros
púlpitos y confesionarios; 165
porque aquí, para entre nos,
es fanática esta gente,
y morirá alegremente
si cree que muere por Dios.
Diligencias son forzosas 170
corromper a los congresos
para que hagan mil excesos
y dicten leyes odiosas,
tratando una y muchas veces
de encarnizar los partidos, 175
para que estén desunidos
los yorkinos y escoceses.
De este modo la opinión
dividida se hallará,
y el golpe se les dará 180
sin que haya contradicción.

Fraile	A Mora el comandantillo,	
	a Tornel y al fiscal Facio	
	juro a Dios que muy despacio	
	los he de hacer picadillo.	185
Interés	Yo como afiance a Victoria	
	y a Vicentillo Guerrero,	
	haré que con este acero	
	no quede de ellos memoria.	
Fanatismo	Yo a cuantos americanos...	190
Comisionado	Basta, amigos, de bravear,	
	las lenguas han de callar	
	y que hablen solo las manos	
	a su tiempo. Oíd lo que os digo	
	no es gran cosa ni decente	195
	el echarla de valiente	
	a espaldas del enemigo.	
Interés	Pues a las obras, señor.	
Fraile	Yo a las obras me remito.	
Otro	Pues yo lo mismo repito.	200
Comisionado	Eso será lo mejor.	
Fraile	Temo que nuestra intención	
	el gobierno desbarate,	
	pues su fuerza se recate	
	y tema esta prevención.	205
Comisionado	Yo pienso por el contrario,	

	pues por ahora está confiado	
	y se juzga asegurado	
	sin temor a su adversario.	
Fraile	De este gobierno, señores,	210
	creíbles son tales arrojos,	
	si es que no le abren los ojos	
	los malditos escritores.	
Comisionado	Fárragos he visto enteros	
	de esos que llamáis autores,	215
	y he leído en tales primores	
	la obra de mil chapuceros.	
	Papeles necios y fríos,	
	fraudulentos y cansados,	
	insulsos, desvergonzados,	220
	torpes, groseros e impíos	
	vomitan aquí las prensas,	
	y creo que aun los cargadores	
	pueden meterse a escritores	
	en diciendo desvergüenzas.	225
	Papel son, ¡voto a tal!,	
	que causan náusea y coraje,	
	pues estropean el lenguaje	
	y, corrompen la moral.	
	Éstos en la vida, amigo,	230
	crea usted que al gobierno instruyan	
	en contra nuestra, aunque fluyan	
	a millones.	
Fraile	Yo lo digo.	
	Esos chambones rastreros	235
	dan muy poco que temer;	
	pero hay otros que a mi ver	

	son temibles escritores,	
	porque escriben con lisura,	
	con juicio y moderación,	240
	sosteniendo la opinión	
	con dignidad y cordura.	
	Persuaden sin maldecir,	
	ilustran sin pedantear,	
	reprueban sin injuriar	245
	y convencen sin mentir.	
	Papeles de tal tamaño	
	temo yo más que al infierno,	
	porque instruyen al gobierno,	
	y esto cede en nuestro daño.	250
Comisionado	Yo por mi parte veré	
	todo eso como oropeles.	
	¿Qué importan tales papeles	
	si el gobierno no los lee?	
Fraile	En Puebla los compañeros	255
	que hay presos van delatando	
	a gran prisa y van cantando,	
	pero como unos jilgueros.	
	Al padre Hidalgo lo asgaron	
	y con otros lo prendieron;	260
	a Arana ya lo cogieron	
	y a Martínez lo enjaularon.	
	Mañana caerá Negrete,	
	Chavarri, y éste y los otros,	
	y luego a todos nosotros	265
	nos liarán como un cohete,	
	y por buena providencia	
	nos excusarán de penas,	
	haciéndonos lo que a Arenas,	

	sin que se escape vuecencia.	270
Comisionado	Es de temer, a fe mía, ese fin tan inclemente, si este gobierno insurgente prosigue con energía en nuestra persecución, pues si derriba cabezas de realistas, adiós proezas, adiós de mi comisión.	275
Fraile	Pierda vuecencia cuidado, que no ha de llegar a tanto; este gobierno es un tanto piadoso y considerado. Son a la vez muy severos los jueces americanos; pero es con sus paisanos, mas no con los extranjeros. Ya reos de lesa nación tiene muchos, pero apenas puede ser que muera Arenas por contentar la opinión.	280 285 290
Comisionado	¿Cómo?; ¿pues no me han contado que ya ese fraile murió?	
Fraile	Eso no lo dije yo, lo dijo un cobarde criado que temor solo respira. Éste unos tiros oyó, que era ejecución pensó y ha contado tal mentira.	295

Comisionado	¿Y por qué no han fusilado a ese fraile? Ya el proceso está concluido, confeso y convicto el sentenciado.	300
Fanatismo	Eso de degradación creo que los trae en temores.	
Comisionado	¡Oh, qué piadosos señores! ¡Bien haya su religión! Pero si se me lograra mi grande empresa algún día, mil frailes fusilaría y a ninguno degradara.	305 310
Fanatismo	A continuar decididos estamos todos, señor.	
Fraile	Viva el español valor muertos, pero no vencidos.	
Comisionado	La piedad americana que viva también diremos, pues con ella venceremos cuando no fuere hoy, mañana.	315

Fin

Libros a la carta
A la carta es un servicio especializado para
empresas,
librerías,
bibliotecas,
editoriales
y centros de enseñanza;
y permite confeccionar libros que, por su formato y concepción, sirven a los propósitos más específicos de estas instituciones.
Las empresas nos encargan ediciones personalizadas para marketing editorial o para regalos institucionales. Y los interesados solicitan, a título personal, ediciones antiguas, o no disponibles en el mercado; y las acompañan con notas y comentarios críticos.
Las ediciones tienen como apoyo un libro de estilo con todo tipo de referencias sobre los criterios de tratamiento tipográfico aplicados a nuestros libros que puede ser consultado en Linkgua-ediciones.com.
Linkgua edita por encargo diferentes versiones de una misma obra con distintos tratamientos ortotipográficos (actualizaciones de carácter divulgativo de un clásico, o versiones estrictamente fieles a la edición original de referencia).
Este servicio de ediciones a la carta le permitirá, si usted se dedica a la enseñanza, tener una forma de hacer pública su interpretación de un texto y, sobre una versión digitalizada «base», usted podrá introducir interpretaciones del texto fuente. Es un tópico que los profesores denuncien en clase los desmanes de una edición, o vayan comentando errores de interpretación de un texto y esta es una solución útil a esa necesidad del mundo académico.
Asimismo publicamos de manera sistemática, en un mismo catálogo, tesis doctorales y actas de congresos académicos, que son distribuidas a través de nuestra Web.
El servicio de «libros a la carta» funciona de dos formas.
1. Tenemos un fondo de libros digitalizados que usted puede personalizar en tiradas de al menos cinco ejemplares. Estas personalizaciones pueden ser de todo tipo: añadir notas de clase para uso de un grupo de estudiantes,

introducir logos corporativos para uso con fines de marketing empresarial, etc. etc.

2. Buscamos libros descatalogados de otras editoriales y los reeditamos en tiradas cortas a petición de un cliente.

www.ingramcontent.com/pod-product-compliance
Lightning Source LLC
Chambersburg PA
CBHW031943070426
42450CB00006BA/867